Kirsten Vogel

Wir sind immer füreinander da

Vorlesegeschichten, die trösten und Mut machen

Kirsten Vogel

Wir sind immer füreinander da

Vorlesegeschichten, die trösten und Mut machen

Mit Illustrationen von Laura Bednarski

Loewe

ISBN 978-3-7432-0881-0
2. Auflage 2025

Text: Kirsten Vogel
Illustrationen: Laura Bednarski
Psychologische Beratung: Sonja Sprehe
Umschlaggestaltung: Michael Dietrich

Druck und Bindung: Druckarnia Dimograf Sp. Z o. o.,
ul.Legionów 83, 43-300 Bielsko-Biala, POLEN
produktsicherheit@loewe-verlag.de

www.loewe-verlag.de

Inhalt

Liebe Vorleserin, lieber Vorleser,

wir alle lieben Geschichten. Sie beflügeln unsere Fantasie und lassen uns in die Gedanken und Gefühle anderer eintauchen. Geschichten regen zum Träumen an, können trösten, ermuntern und beruhigen. Sie helfen Kindern, ihre Sorgen und Nöte besser zu bewältigen.

Wer mit seinem Kind liest, schenkt ihm ein Stück Elternliebe und stärkt dadurch das Urvertrauen. Die Psychologie weiß, dass Kinder sich gesund entwickeln, wenn ihnen Aufmerksamkeit, Zeit und Liebe geschenkt wird. Geschichten erreichen das Kind direkt auf der Gefühlsebene und sind ideal für das seelische Immunsystem. Eltern, die ihren Kindern Geschichten vorlesen, geben ihnen eine Orientierungshilfe für den Weg in ein zufriedenes Leben und stärken ihr Selbstbewusstsein.

Dieses Buch greift Alltagssituationen auf, in denen Kinder traurig, enttäuscht oder wütend sind. Solche Momente kennt jede Familie. Manchmal fällt es dem Kind schwer, sich von allein zu beruhigen. Es braucht Trost. Trost ist eine zwischenmenschliche Zuwendung und steht immer im Zusammenhang mit Ermutigung und Zuversicht. Er kann ganz unterschiedlich ausfallen. Je nach Situation braucht das Kind Ermutigung, Ablenkung oder Unterstützung, die eigenen Fehler zu erkennen. So lernt Ihr Kind, dass es in schwierigen Situationen nicht allein gelassen wird. Das stärkt das Vertrauen und die Eltern-Kind-Bindung.

Dabei sollen diese Geschichten helfen. Es werden Lösungen angeboten, die mühelos in den Alltag integriert werden können. Manchmal reicht es, das Kind einfach in den Arm zu nehmen, mit ihm zu kuscheln oder künstlerisch tätig zu werden. Aber es kann auch förderlich sein, mal die Rollen zu tauschen, um die Gefühle des Gegenübers besser zu verstehen.

Die liebenswerten Figuren dienen als Vorbilder, mit ihnen und ihren Gefühlen kann sich das Kind identifizieren. So können die Geschichten einen Gesprächsanlass bieten, um gemeinsam über ähnliche Situationen zu sprechen und Trost zu finden.

Dieses Gefühl von Geborgenheit fördert Kinder außerdem in ihrem Selbstbewusstsein und unterstützt sie, nicht ängstlich mit neuen Situationen umzugehen. Das ist wichtig für ihre weitere Entwicklung.

Tipps zum Vorlesen

Das Besondere am Lesen und Vorlesen ist, dass man es überall und zu jeder Tageszeit machen kann. Dazu brauchen Sie nicht viel mehr außer Zeit und einem Buch.

Machen Sie ein gemeinsames Ritual aus dem Vorlesen, damit sich das Kind voll und ganz auf die Geschichte konzentrieren und ruhiger werden kann.

Suchen Sie sich einen Platz, an dem Sie es sich bequem und gemütlich machen können. Zum Beispiel können Sie sich mit dem

Kind nach der Kita auf das Sofa kuscheln oder abends gemeinsam ins Bett. Schaffen Sie eine ruhige Atmosphäre, ohne Telefon und Nebengeräusche, einfach Zeit zu zweit. Wenn sich das Kind beim Lesen sicher und geborgen fühlt, kann es sich mit Neugierde auf neue Welten einlassen.

Geschichten helfen Ihnen und dem Kind auf eine spielerische Art, miteinander auch über schwierige Themen ins Gespräch zu kommen und Lösungen zu entwickeln. Sie können während des Lesens über die Geschichte sprechen. Was gefällt dem Kind? Welche Gefühle hat es beim Zuhören? Erkennt es Situationen aus dem Alltag oder Gefühle, die beschrieben werden, wieder? Was hat dem Tier in der Geschichte Trost gespendet? Sie können Ihrem Kind erklären, dass Sie seine Gefühle ernst nehmen und ihm helfen wollen, damit umzugehen. Das schafft Nähe und Ihr Kind kann sich Ihnen besser anvertrauen.

Wenn Ihr Kind dann im Alltag traurig oder enttäuscht ist, kann es sich an die Geschichten erinnern und so im Idealfall sogar selbst herausfinden, was ihm dabei helfen könnte, sich zu beruhigen.

Und nun ist es Zeit zum Vorlesen, Zuhören und Kuscheln …

Biber Eddi und der Baum

Der kleine Biber Eddi sitzt vor der Biberburg und putzt sich gründlich die Zähne. Er spuckt die Zahnpasta aus und spült mit Wasser aus dem Bach.

»Warum putzt du dir denn andauernd die Beißerchen?«, fragt Frosch Hanno.

»Biber brauchen gesunde und stabile Zähne«, erklärt Eddi und gurgelt.

»Damit futtern wir nicht nur, wir nagen ja auch an Baumstämmen«, sagt Charlie. Das Bibermädchen ist Eddis Freundin. Sie wohnt in einer Biberburg in der Nähe und hat heute bei Eddi übernachtet.

Eddi nickt. Er läuft zum Ufer und klopft mit der Pfote gegen einen dicken Stamm. »Heute will ich diesen Baum ganz allein fällen.« Er spuckt den Rest Wasser aus und beginnt zu nagen.

Frosch Hanno und Charlie feuern Eddi an.

»Eddi, Eddi!«, quakt Hanno.

»Eddi, Eddi!«, ruft Charlie.

»Wahnsinn!«, ruft Specht Sigi, der in der Baumkrone sitzt. »Gleich hast du es geschafft!«

Auch Charlie ist begeistert. »Wow, Eddi!«, ruft sie. »Das kannst du wirklich gut!«

Eddi hält kurz inne und betrachtet den Baumstamm. Er hat wirklich schon einiges geschafft.

»Der Stamm sieht aus wie eine Eieruhr«, piepst Ida Maus.

Von den fröhlichen Rufen angelockt kommen immer mehr Tiere zum Bach. Alle wollen sehen, wie Eddi den großen Baum gleich zum Umfallen bringt.

»Wo sind eigentlich deine Eltern?«, fragt Charlie, als Eddi eine Pause macht.

»Die sind heute weiter oben am Bachlauf«, erklärt der kleine Biber. »Ich wollte nicht, dass sie dabei sind und mir immerzu Ratschläge geben.«

Marie Marienkäfer landet neben ihnen auf einer Blume. »Das verstehe ich. Wenn ich Pfannkuchen backen will, sollen meine Eltern auch nicht in die Küche kommen.«

Plötzlich macht der Baum ein knarzendes Geräusch.

»Obwohl es manchmal nicht schlecht ist, wenn die Eltern da sind«, ergänzt Marie Marienkäfer mit bangem Blick in die Baumkrone.

Eddi sieht nach oben. Gleich hat er es geschafft.

»Darf ich ein paar der leckeren Triebe haben?«, fragt Reh Goldie.

»Na klar!«, sagt Eddi. Er nimmt einen Schluck Wasser und nagt weiter.

Schließlich ist ein lautes Knacken zu hören, der Baum beginnt zu schwanken.

»Wohin kippt er denn?«, fragt Frosch Hanno aufgeregt.

»Ich hab mir vorgenommen, den Baum ans Ufer fallen zu lassen«, nuschelt Eddi.

Ein weiteres lautes Knarzen ertönt. Aufgescheucht flattert Specht Sigi aus der Baumkrone, die hin und her schwingt. Die Tiere weichen erschrocken zurück.

Und schließlich kippt der Baum ächzend um. Das Laub raschelt, als er direkt auf der Biberburg landet. Es knackt ein paarmal. Eddi hält sich die Augen zu.

»Oje!«, hört er seine Freundin Charlie rufen.

Dann sagt niemand mehr etwas.

Eddi schielt an seiner Pfote vorbei und sieht es nun auch. Der gefällte Baum liegt mitten auf seinem Zuhause. Der Stamm, der einen Teil der Biberburg eingedrückt hat, bildet nun eine Brücke zum anderen Ufer, wo die Baumkrone zu sehen ist. Frosch Hanno ist mit einem Hops auf dem Stamm und hüpft zu der eingestürzten Stelle der Biberburg.

In Eddis Kopf dreht sich alles. Er hat sein Zuhause kaputt gemacht. »Das wollte ich nicht«, stammelt der kleine Biber. Seine Freundin Charlie legt den Arm um seine Schultern. »Das wissen wir.«

»Sollen wir die Burg wieder aufbauen?«, schlägt Hanno vor.

»Wie willst du das denn machen?«, fragt Eddi. »Du bist doch gar kein Biber.« Traurig lässt er den Kopf hängen. »Und ich bin anscheinend auch kein richtiger Biber.«

Marie Marienkäfer flattert vor Eddis Gesicht auf und ab. »Natürlich bist du ein Biber.«

»Was sollst du denn sonst sein?«, fragt Specht Sigi und grinst. »Ein Kaninchen mit kurzen Ohren?«

Aber Eddi ist nicht zum Lachen zumute. Er seufzt.

»Ach, komm, Eddi.« Charlie knufft Eddi in die Seite. »Sigi wollte dich nur aufmuntern.«

Eddi setzt sich auf den umgefallenen Baumstamm und stützt den Kopf in die Pfoten. »Ich werde niemals ein guter Biber.«

Marie Marienkäfer landet neben Eddi auf dem Baumstamm. »Das stimmt aber nicht«, summt sie.

Goldie setzt sich dazu. »Manche Sachen muss man eben üben, ehe man sie gut kann.«

»Aber ich hab unser Zuhause kaputt gemacht«, klagt Eddi.

»Pass mal auf«, sagt Charlie in ernstem Ton. »Wir reparieren die Burg einfach.«

»Einfach?« Eddi schüttelt den Kopf. »Die haben meine Eltern mühsam aufgebaut. Und man muss ja auch wissen, wie es geht.«

»Ungefähr weiß ich es«, erklärt Charlie.

Marie spreizt aufgeregt die gepunkteten Flügel. »Sigi und ich können euch aus der Luft sagen, wie es aussieht.«

Frosch Hanno kommt von dem Stamm gehüpft. »Und ich tauche nach den abgesackten Ästen und Zweigen.«

»Das schaffen wir nie!«, stöhnt Eddi.

»Sei nicht so ein Griesgram, Eddi.« Charlie steht auf. »Zuerst müssen wir den Baumstamm wegtragen.«

»Der ist doch viel zu schwer.« Eddi lässt die Schultern hängen. Er ist untröstlich.

»Du hast es geschafft, einen riesigen Baum zu fällen«, sagt Goldie. »Und zwar ganz allein.«

»Das kann nicht jeder«, pfeift Marie anerkennend.

Auch Hanno nickt. »Da kannst du echt stolz drauf sein.«

Eddi hebt den Kopf. »Meint ihr wirklich?«

Charlie nickt. »Ja, und du kannst noch so viel mehr. Du kannst am weitesten Wasserfontänen aus deinem Mund sprudeln lassen.«

»Und am besten Zweige durchbeißen«, meldet sich Reh Goldie zu Wort.

»Das liegt an meiner tollen Zahnpasta«, meint Eddi.

»Außerdem bist du ein schneller Schwimmer«, quakt Hanno. »Und das hat nichts mit deiner Zahnpasta zu tun.«

Eddi muss lächeln. »Ihr seid lieb. Die besten Freunde, die man haben kann.«

Charlie lächelt zurück. »Wollen wir es versuchen?« Sie zeigt auf den eingestürzten Teil der Biberburg.

Eddi zuckt mit den Schultern.

»Ach, komm, wer einen Baum fällt, kann ihn auch zerkleinern und aus den Ästen die Biberburg wieder aufbauen«, muntert Charlie Eddi weiter auf.

»Na gut.« Der kleine Biber gibt sich einen Ruck. »Wir versuchen es.«

Gemeinsam mit Charlie zernagt Eddi nach und nach den umgefallenen Baumstamm. Alle helfen mit, und zusammen schaffen sie es, die Holzstücke zum Ufer zu schieben.

Und weil Eddi wirklich gut ist im Nagen, liegen in Windeseile sehr viele Äste und Holzstücke am Ufer. Gemeinsam mit Charlie, die genaue Anweisungen gibt, bauen die Tiere den eingestürzten Teil der Biberburg wieder auf. Jeder hilft mit, so gut er kann.

Als Eddis Eltern angeschwommen kommen, staunen sie.

»Hast du den großen Baum ganz allein gefällt?«, fragt Mama Biber.

Eddi nickt. »Er ist auf die Burg gekracht«, erklärt er vorsichtig.

Der erschrockene Blick seiner Eltern wandert von Eddi zur Biberburg.

»Zum Glück ist nichts kaputt gegangen«, sagt Papa erleichtert.

»Doch«, gibt Eddi zu. »Aber Charlie und die anderen haben mir geholfen, alles wieder zu reparieren.«

Die Bibereltern staunen. »Das ist ja großartig, Eddi!«

»Ich hätte nicht gedacht, dass wir das schaffen«, sagt Eddi und lächelt Charlie an. »Aber zusammen war es gar nicht schwer.«

»Genau«, bestätigt Charlie. »Man darf sich nur nicht unterkriegen lassen.«

»Und es ist gut, wenn man an sich glaubt«, ergänzt Goldie.

»Vor allem sind aber Freunde wichtig«, sagt Eddi. »Mit ihnen kann man alles schaffen.«

Waldmeister

Der kleine Hase Henri hoppelt durch den Kindergarten. Er freut sich über die vielen Löwenzahnblumen. Einige davon haben sich bereits in Pusteblumen verwandelt. Fröhlich zupft er eine nach der anderen aus und pustet. »Die Samen verteilen sich auf der Wiese und aus jedem wächst dann im nächsten Jahr eine neue Pusteblume«, erklärt Frau Eichhörnchen, die Erzieherin.

»Warum sind manche Blumen kleiner und andere größer?«, fragt Dachs Doro.

»Das ist in der Natur manchmal so«, sagt Frau Eichhörnchen. »Pflanzen kann man aber düngen, dann wachsen sie oft schneller und besser.«

»Und wieso hat Henri zwei unterschiedlich lange Löffel?«, fragt Doro und kichert. »Das sieht echt komisch aus.«

Henri merkt, dass ihn die anderen Tierkinder anstarren und tuscheln. »Ich weiß auch nicht, warum das so ist«, murmelt er.

»Du kannst ja das kurze Ohr mal düngen«, kichert Hamster Zack.

Henri fühlt sich mit der Pfote über die Ohren. Der kleine Hase weiß nicht, was er sagen soll. Er würde jetzt am liebsten über die Wiese direkt nach Hause hoppeln und sich unter seiner weichen Kuscheldecke verstecken.

»Zack, das ist nicht nett«, sagt Frau Eichhörnchen. »Henris Ohren sind gut, so wie sie sind. Entschuldige dich bitte.«

»Tut mir leid, Henri«, sagt der kleine Hamster und flitzt mit Doro davon.

Henri versucht, sein langes Ohr hängen zu lassen, damit der Unterschied nicht so auffällt. Er hat gar keine Lust zu spielen und wartet nur noch auf seinen Papa.

»Wollen wir ein Picknick machen?«, schlägt Papa Hase vor, als er ihn endlich abholt. Dabei deutet er auf seinen Rucksack. »Ich habe Möhrenkuchen gebacken und ihn mitgebracht.«

»Oh, wie lecker!«, ruft Dachs Doro. »Darf ich mitkommen?«

»Klar!« Papa Hase lächelt. »Henri, freust du dich, wenn Doro mitkommt?«

Aber Henri verschränkt die Pfoten vor der Brust. »Ich habe heute keine Lust auf Picknick. Ich will nach Hause.«

Papa Hase zuckt entschuldigend die Schultern. »Tut mir leid, Doro, dann vielleicht nächstes Mal.«

Als Henri und Papa zu ihrem Bau hoppeln, fragt Papa, wie sein Tag war. Aber Henri kann nicht darüber sprechen. Er ist so traurig, weil Doro ihn wegen seiner Löffel gehänselt hat. Zu Hause angekommen möchte er sofort ins Bett.

»Willst du gar nicht mit uns essen?«, fragt Mama Hase.

»Ich habe keinen Hunger«, wispert Henri.

»Wirst du krank?«, fragt Papa mit sorgenvoller Miene. Er legt seine Pfote an Henris Stirn. »Fieber hast du nicht.«

Henri läuft ins Badezimmer und putzt sich die Zähne. Mit der anderen Pfote hält er sich die Augen zu. Er möchte seine Löffel heute nicht im Spiegel sehen. Schnell schlüpft er unter seine Decke. Er will jetzt nur noch schlafen.

»Guten Morgen, mein süßes Langohr!«, flüstert Mama am nächsten Morgen in Henris Löffel. Sie sitzt auf der Bettkante und streichelt seinen Rücken. »Die Sonne scheint schon über die Wiesen und Felder.«

»Ist mir egal«, mault Henri. Er hat gar nicht gut geschlafen und ist immer noch traurig, dass Doro sich über seine Ohren lustig gemacht hat.

»Du musst jetzt aber aufstehen«, sagt Mama. »Gleich geht es in den Kindergarten.«

»Ich will da nicht hin!«, sagt Henri und zieht sich die Decke über den Kopf.

»Und warum?«, fragt Mama.

»Weil Doro doof ist!«, ruft Henri.

Mama Hase guckt Henri überrascht an. »Habt ihr euch gestritten?«

»Nein!«

»Was ist denn dann los?«

»Ach, nichts!« Henri schlägt die Decke zurück. Er springt auf. Ihm ist nicht nach Reden zumute, deshalb hoppelt er ins Bad. Sein Blick fällt in den Spiegel. Das kürzere Ohr steht fröhlich vom Kopf ab, das längere hat heute einen leichten Knick. Da hat Henri eine Idee. Er verknotet seine Ohren so, dass man nicht mehr erkennen kann, welches Ohr kürzer und welches länger ist. Auf dem Weg in den Kindergarten guckt Mama ihn die ganze Zeit von der Seite an, aber sie sagt nichts.

Henri verabschiedet sich von ihr und hüpft an Frau Eichhörnchen vorbei zu Doro. Das Dachsmädchen balanciert gerade über einen Baumstamm, und als es Henri erblickt, muss es lachen. Dabei verliert Doro das Gleichgewicht und fällt herunter. Henri will ihr helfen aufzustehen, aber als sie einfach weiterlacht und fragt: »Warum hast du denn den albernen Knoten auf dem Kopf?«, dreht Henri sich weg. Den Rest des Tages wartet Henri nur wieder darauf, dass er nach Hause gehen kann. Heute holt Opa Hase ihn ab.

Als er Henris Löffelknoten sieht, runzelt er die Stirn. »Findest du das schön oder warum hast du dir die Ohren verknotet?«

Henri weiß nicht, was er sagen soll. Langsam tun ihm die Löffel ganz schön weh.

»Ich löse das mal, okay?«, sagt Opa und entknotet Henris Ohren. Eine Weile betrachtet er die Löffel seines Enkels nachdenklich. »Hast du sie verknotet, weil sie unterschiedlich lang sind?«

Henri sieht Opa überrascht an. »Woher weißt du das?«

Opa Hase deutet mit der Pfote auf seine eigenen Löffel. Sein Fell

ist schon grau und die Löffel haben beide einen Knick. »Meine sind auch unterschiedlich lang. Das hast du vielleicht von mir geerbt.« Opa seufzt. »Als ich noch klein war, wurde ich deswegen manchmal gehänselt. Das hat mich traurig gemacht.«

Henri schaut auf.

Opa blickt seinen kleinen Enkel über den Rand seiner Brille an. »Ist dir das auch passiert?«

Henri merkt, wie sich seine Augen mit Tränen füllen. »Ja«, gibt er zu. »Doro hat gesagt, dass es komisch aussieht. Und über den Knoten hat sie auch gelacht.«

Opa Hase nimmt seinen Enkel in den Arm. »Wir lieben dich so, wie du bist. Und du bist perfekt, so wie du bist.«

»Aber Mamas und Papas Löffel sind ganz normal, sie sind gleich lang«, schnieft Henri. »Meine nicht.«

»Es gibt kein Normal«, erklärt Opa. Er deutet mit der Pfote nach oben in die Baumkronen. »Guck mal, jeder Baum ist anders gewachsen. Und jeder ist wunderschön.«

Henri stampft mit dem Hinterlauf auf den Boden. »Aber ich bin doch kein Baum.«

»Aber ein Lebewesen«, sagt Opa. »Keines gleicht dem anderen. Jeder Baum, jede Blume, jedes Tier und auch jedes kleine Häschen ist einzigartig.«

Henri kratzt sich mit der Pfote nachdenklich an seinem kurzen Löffel.

Nina Nachtigall flattert über sie hinweg und setzt sich auf einen Ast. Sie fängt an zu singen und Henri ist kurz abgelenkt. »Ist das nicht schön, Opa?«

Opa Hase nickt. »Deine Ohren sind also vollkommen einwandfrei. Sie sind zum Hören da, und nicht, um genau gleich auszusehen.«

Da kreuzt Biber Eddi ihren Weg. Er winkt und grinst. Henri sieht seine großen kräftigen Zähne. Einer ist etwas kleiner als der andere. Henri entscheidet sich, Eddi zu fragen, ob ihn das stört. Eddi guckt Henri verständnislos an. »Warum sollte mich das denn stören? Ich hab damit neulich sogar einen ganzen Baum gefällt.«

Henri nickt anerkennend. »Stark.«

»Von solchen Zähnen kann ich nur träumen«, lacht Wolf Wolle,

der hinter einem Baum hervorkommt. »Meine sind viel kleiner als die von meiner Familie.«

»Siehst du«, sagt Opa Hase. »Jedes Tier ist einzigartig.«

»Aber warum ärgert Doro mich dann so?«, will Henri wissen.

»Sie weiß das anscheinend noch nicht«, überlegt Opa. »Aber wir können es ihr gerne sagen.« Er deutet auf den Waldweg, wo Doro Dachs ihnen gerade entgegenkommt.

»Hallo, wollen wir heute Möhrenkuchen essen?«, fragt sie.

»Ich wäre dabei!«, ruft Eddi.

Wolle leckt sich mit der Zunge über das Maul. »Möhrenkuchen. Lecker!«

»Ich habe keine Lust, mit dir Kuchen zu essen, Doro«, erklärt der kleine Hase. »Du warst nicht nett zu mir.«

»Was meinst du denn?«, fragt Doro überrascht.

Henri streckt Doro seinen Kopf entgegen und wackelt mit den Hasenohren. »Du hast dich über meine Löffel lustig gemacht. Das fand ich nicht schön.«

Die kleine Dächsin senkt den Blick. »Das tut mir leid.« Ihre Stimme beginnt zu zittern. »Mein Bruder sagt manchmal, mein Kopf ist so klein, da passt nichts rein. Vielleicht habe ich also nicht richtig nachgedacht.«

»Was sagt dein Bruder?« Henri kann es nicht glauben. »Das ist ja gemein!«

Biber Eddi nickt zustimmend. »Find ich auch.«

»Jedes Lebewesen ist einzigartig«, weiß Hase Henri. »Das hat mein Opa mir erklärt.«

Opa Hase streichelt mit der Pfote über Henris Löffel. »Genauso ist es.«

»Und jeder hat besondere Fähigkeiten«, ergänzt Biber Eddi.

»Kannst du gut Pudding essen?«, erkundigt sich Doro Dachs.

Eddi nickt. »Darin bin ich Waldmeister.«

»Gut. Ich habe nämlich die feinste Nase im Wald.« Doro hält die Schnauze in die Luft. »Und die meldet Puddingduft.«

»Richtig gerochen«, sagt Opa Hase. »Oma Hase kocht gerade Pudding.«

»Darin ist sie besonders gut«, weiß Henri und hoppelt los. »Kommt mit, warm schmeckt er am besten.«

Die Freunde rennen los.

»Auch wenn jeder von euch einzigartig ist«, ruft Opa ihnen lachend hinterher, »Pudding mögt ihr wohl alle!«

Gute Freunde

Ida Maus sitzt am Feldrand. In der Pfote hat sie ein Bild, das ihre Freundin Lina ihr zum Abschied geschenkt hat.

»Ida!«, ruft Mama Maus aus dem Mauseloch. »Du hast dein Frühstück ja gar nicht angerührt.«

Ida zuckt mit den Schultern. »Ich habe keinen Hunger.«

Da kommt Igel Max zwischen zwei Weizenhalmen hervorgetrippelt. »Guten Morgen«, sagt er. »Ich wollte dich abholen.«

»Du hast einen Umweg gemacht, um mit mir zusammen zum Kindergarten zu gehen?«, piepst Ida.

Max nickt. »Damit du nicht allein bist. Sonst bist du doch immer mit Lina zusammen zum Kindergarten gegangen.«

Ida seufzt. »Sie ist erst ein paar Tage weg und sie fehlt mir so!«

Max setzt sich neben Ida und legt die Pfote um ihre Schulter. Dabei piken seine Stacheln Ida in die Seite. »Autsch!« Sie rutscht ein Stück von ihm ab.

»Darf ich das Bild mal sehen?« Max schnappt es sich. Darauf sind zwei Mäuse zu sehen, die zusammen über eine Blumenwiese laufen. »Ein schönes Bild von Lina und dir.«

Ida nickt. »Das Bild hat sie mir zum Abschied geschenkt. Da spielen wir gerade Fangen mit Klara Schmetterling.«

Mama Maus kommt zu ihnen. »Hallo, Max, wie lieb, dass du Ida abholst.« Sie reicht Ida ihre Kindergartentasche. »Ich habe dir Nusskuchen eingepackt. Und trink deinen Brombeersaft.«

Ida nimmt die Tasche. »Nusskuchen mag Lina auch so gern«, seufzt sie.

Mama Maus streichelt Ida über den Rücken. »Lina würde bestimmt wollen, dass du etwas isst. Und wäre sie hier, würde sie mit dir essen.«

»Und warum ist sie dann weggezogen?«, fragt Ida und reißt Max das Bild aus der Hand.

»Ihre Eltern wollten umziehen, nicht Lina«, sagt Mama Maus.

»Sie hätte doch bei uns bleiben können«, antwortet Ida.

»Ich verstehe schon, dass sie bei ihren Eltern geblieben ist«, sagt Max. Er steht auf. »Wollen wir losgehen?«

Ida rollt das Bild ein und steckt es in ihre Tasche. »Tschüss, Mama.« Mit hängenden Schultern läuft sie über den moosigen Waldboden. Max trippelt neben ihr. »Worüber habt ihr beiden

euch auf dem Weg zum Kindergarten immer so unterhalten?«, will der kleine Igel wissen.

»Über dies und das«, sagt Ida. Sie möchte nicht mit Max darüber sprechen.

»Guck mal!«, ruft Max. »Da ist Klara Schmetterling. Wollen wir mit ihr Fangen spielen?«

Ida schüttelt den Kopf. »Keine Lust.«

Auch im Kindergarten ist Ida traurig. Als Frau Eichhörnchen wissen möchte, ob sie Lina vermisst, muss Ida weinen. »Ja«, schluchzt sie. »Lina und ich sind jeden Morgen zusammen zum Kindergarten gegangen, haben den ganzen Tag zusammen gespielt und vor dem Einschlafen haben wir uns gegenseitig Gutenachtgeschichten erzählt.«

»Ich kann doch ab jetzt immer mit dir spielen«, schlägt Igel Max vor. Er reicht Ida ein Taschentuch. Sie putzt sich die kleine Stupsnase. »Aber du bist nicht Lina«, schnieft sie.

»Das stimmt«, sagt Max nachdenklich. »Ich bin weder eine Maus, noch will ich eine sein. Aber ich bin dein Freund.«

Ida zwirbelt eins ihrer Schnurrhaare. »Ich würde aber jetzt lieber mit Lina spielen«, gibt sie zu.

Max lässt die Schultern hängen.

Frau Eichhörnchen lächelt Max lieb an. »Sei nicht traurig. Es ist vollkommen normal und okay, dass Ida Lina vermisst. Und trotzdem bist du auch ihr Freund. Man kann doch mehrere gute Freunde haben.«

»Ida will mich aber gar nicht mehr als Freund«, sagt Max.

Frau Eichhörnchen schüttelt den Kopf. »Das glaube ich nicht.« Die Erzieherin dreht sich zu Ida. »Willst du vielleicht mit Max andere Sachen spielen als mit Lina?«

»Kann sein«, sagt die kleine Maus.

Max denkt nach. »Wir könnten uns verkleiden«, schlägt er vor. »Ich verkleide mich auch nicht als Lina. Und ich verstehe, dass du sie vermisst.«

Ida lächelt zaghaft. »Okay.« Sie läuft zur Truhe mit den Verkleidungssachen. Darin entdeckt sie die lustige große Brille, die Lina manchmal aufgesetzt hat. Erst will sie die Brille wieder in die Truhe werfen, aber dann ist sie doch neugierig, wie Max damit aussieht. Sie setzt sie Max auf und muss lachen. »Steht dir.« Zusammen gucken sie in den Spiegel und prusten los. Der Tag im Kindergarten wird nun doch noch sehr schön, weil auch die anderen Tierkinder mitmachen und sich verkleiden.

Als der kleine Igel und die kleine Maus am Nachmittag durch den Wald nach Hause laufen, hat Ida endlich Appetit. Sie teilt ihren Kuchen mit Max. »Der beste Nusskuchen, den ich je gegessen

habe«, sagt der mit vollem Mund. Dabei schießen ein paar Krümel aus seiner Schnauze. Ida muss wieder lachen. Als sie am Feldrand ankommen, merkt sie, dass sie heute nicht ununterbrochen an Lina gedacht hat. Mit Max ist es zwar anders als mit Lina, aber auch sehr schön. »Willst du heute bei mir übernachten?«, fragt die kleine Maus.

»Au ja!«, ruft Igel Max.

Die Sonne taucht das Weizenfeld schon in goldenes Licht. Zusammen beobachten die Freunde, wie die Sonne immer roter wird.

»Gleich ist sie untergegangen«, wispert Ida.

»Denkst du an Lina?«, fragt Max.

Ida schluckt. »Ja.« Sie lehnt sich an ihren Freund. Die Stacheln stören sie nicht mehr. Sie stellt sich vor, wie Lina in ihrem neuen Zuhause den Sonnenuntergang ansieht. Und dabei ist sie sich sicher, dass ihre Freundin auch gerade an sie denkt.

Zusammenwachsen

»Riech doch mal, Wolle«, sagt das kleine Reh Goldie zu ihrem Freund, dem kleinen Wolf. Sie hält ihre Schnauze ganz nah an die Rose und atmet den Duft ein. »Mhhhh«, schwärmt sie.

»Jaja, mhhh«, äfft Wolle Goldie nach. Er ist genervt. Mit den Pfoten scharrt er auf dem Waldboden herum. »Wollen wir jetzt endlich los?«

»Wohin denn?« Goldie sieht Wolle fragend an.

»Wir wollten doch heute einen Streifzug durch den Wald machen, zu den großen Hügeln«, erklärt Wolle.

»Du wolltest das«, sagt Goldie und streicht liebevoll über ein Rosenblatt. »Ich kann Rosie doch nicht allein lassen.«

»Was?«, fragt Wolle. »Warum das denn nicht?«

»Sie braucht viel Pflege«, erklärt Goldie. Das kleine Reh stupst mit der Schnauze gegen die Blätter eines Baumes. Tautropfen rieseln auf ihre Rose. »Hast du Durst?«

»Ja«, sagt Wolle.

»Nicht du, sondern Rosie.« Goldie beginnt, ihre Rose zu gießen.

»Du hast der Blume einen Namen gegeben und sprichst mit ihr?«, fragt Wolle ungläubig.

»Wieso nicht?«, entgegnet Goldie. »Wenn ich mit ihr spreche, wächst sie besser.«

Wolle beobachtet, wie Goldie die Rose gießt und ihr sagt, wie schön sie ist. Zwischendurch schnuppert sie an den roten Blütenblättern. Sie bemerkt Wolle gar nicht. Er scheint sie nicht zu interessieren. Der kleine Wolf stampft mit dem Hinterlauf auf den Boden. »Kommst du jetzt mit oder nicht?«

Goldie sieht auf. »Nicht so laut!«

»Das ist doch albern«, beschwert sich Wolle. »Blumen haben keine Ohren.«

»Mich stört es aber, wenn du so laut bist«, gibt Goldie zurück.

»Pfff!«, macht Wolle wütend. »Früher hat es dich auch nicht gestört. Woher hast du die Rose überhaupt?«

»Sie ist eines Tages einfach hier gewachsen«, erklärt Goldie. »Und ich habe ihr versprochen, auf sie aufzupassen.«

»Kann sie das nicht allein?«, will Wolle wissen. »Rosen haben doch Dornen. Damit schützen sie sich vor Feinden.« Der kleine Wolf fletscht die Zähne. »Damit verteidige ich mich.« Er hebt die Vorderpfote. »Und mit meinen starken Muskeln. Ich teste jetzt mal die Dornen.« Mit der Pfote holt er aus und schlägt aus Versehen etwas zu stark gegen den Stängel. Ein Dorn pikt in seine Pfote und die Rose knickt um. »Autsch!«

»Oh nein!«, ruft Goldie entsetzt. »Was hast du gemacht?«

»Ist nicht so schlimm«, sagt Wolle schnell und leckt sich über die Pfote, in die der Dorn gepikt hat.

»Nein, ich meine Rosie.« Aufgewühlt betrachtet Goldie ihre Blume.

Jetzt erst merkt Wolle, dass der Stängel umgeknickt ist. Er will die Rose aufrichten, aber sie lässt sofort wieder den Kopf hängen. Wolle ist erschrocken über sich selbst. »Das wollte ich nicht«, stammelt er.

In Goldies braunen Augen sammeln sich dicke Tränen, die nun auf den Waldboden tropfen. Vorsichtig hält sie den Kopf der Rose nach oben. »Es tut mir so leid, Rosie, ich hab nicht gut auf dich aufgepasst.«

Wolle steht immer noch erschrocken neben ihr und bringt kein Wort heraus. Goldie dreht sich zu ihm um. »Das war es, Wolle. Ich spiele nie wieder mit dir!«

»Das war keine Absicht«, stammelt er. »Ehrlich.«

»Spar es dir!«, zischt Goldie. »Und jetzt hau endlich ab.«

Traurig trottet Wolle davon. Er wollte zwar, dass Goldie sich endlich mit ihm beschäftigt, aber er wollte die Rose nicht kaputt machen. Sein schlechtes Gewissen ist so groß, dass er nun auch gar keine Lust mehr hat, durch den Wald zu streifen. Außerdem tut seine Pfote ein bisschen weh.

»Hey, Wolle«, hallt da die Stimme von Anni, der kleinen Eule, durch die Lüfte. Ein Flügelschlag ist zu hören und schon landet Anni auf einem Ast über Wolles Kopf. »Was ist denn los?«, fragt sie.

Wolle seufzt. »Ich wollte mit Goldie spielen, aber sie hat sich nur um ihre Rose gekümmert. Da war ich so sauer, dass ich die Rose aus Versehen umgeknickt habe.«

»Oh nein!«, ruft Anni. »Das war aber nicht nett.«

»Ich weiß«, sagt Wolle verzweifelt. »Es war aber keine Absicht. Und das Schlimmste ist, dass Goldie jetzt nie wieder mit mir spielen will.«

»Sie ist bestimmt sehr traurig und verletzt«, sagt Anni. »Aber vielleicht beruhigt sie sich auch wieder.«

»Sie hat die Rose sehr gemocht.« Tränen kullerten über Wolles

Wangen. »Ich hab das kaputt gemacht, was meiner Freundin am wichtigsten war.«

Anni landet neben dem kleinen Wolf und streichelt mit dem Flügel seine Schnauze. »Sei nicht traurig. Sie wird bestimmt nicht ewig böse sein.«

»Es tut mir aber jetzt so leid«, schnieft Wolle. Er ist untröstlich.

Mit der Flügelspitze kratzt Anni sich an der Stirn. »Wenn Goldie merkt, dass es dir wirklich leidtut und wie traurig du bist, wird sie dir verzeihen.«

»Wer wird wem verzeihen?«, piepst es plötzlich. Wolle legt den Kopf in den Nacken und entdeckt raschelndes Laub in der Baumkrone, aus dem Elli Eichhörnchen herausgeflitzt kommt. Flink huscht sie am Baumstamm nach unten.

»Wolle hat Ärger mit Goldie«, berichtet Anni.

»Ja. Riesenärger.«

Wolle lässt sich kraftlos auf den Boden plumpsen.

»Stopp!«, ruft Elli. »Wolle, steh sofort auf!«

Aber Wolle möchte einfach nur liegen bleiben und die Augen zumachen.

Mit einem Satz ist Elli bei ihm. Sie ruckelt an seiner Pfote. »Los, geh da runter!«

»Wo denn runter?«, mault der kleine Wolf.

»An der Stelle habe ich im Herbst eine Eichel vergraben, und weil ich sie im Winter nicht brauchte, dachte ich, ich lasse sie einfach zu einer neuen Eiche wachsen.«

Wolle springt auf. Und tatsächlich. Er erkennt eine zarte Pflanze, die zwischen dem Laub hervorlugt. Aufgewühlt untersucht er sie und stellt erleichtert fest: »Sie ist nicht umgeknickt. Alles ist noch ganz.«

Als Anni Elli alles berichtet hat, sehen sich die drei Tierkinder an.

»Vielleicht muss ich mich noch mal entschuldigen«, überlegt Wolle. »Goldie wollte meine Entschuldigung vorhin nicht hören, aber ich darf nicht aufgeben.«

Anni betrachtet nachdenklich die kleine zarte Pflanze, die aus Ellis Eichel gewachsen ist. »Du kannst ihr eine neue Blume schenken, um die sie sich kümmern kann«, schlägt sie vor.

»Aber es gibt hier im Wald doch eigentlich gar keine Rosen«, wendet Wolle ein.

»Wilde Rosen gibt es schon«, wendet Anni ein. »Aber sie sind selten.«

Plötzlich schnellt Ellis Pfote nach oben. »Ich hab's! Du besorgst Pflanzensamen und Nüsse und hilfst Goldie, sie einzupflanzen.«

»Gute Idee!«, findet Wolle. Gemeinsam mit Anni und Elli sammelt er Eicheln, Bucheckern und eine Haselnuss und pflückt eine Pusteblume.

Schließlich nimmt Wolle allen Mut zusammen und läuft mit seiner Ausbeute zu Goldie. Das kleine Reh sitzt traurig neben der umgeknickten Rose. Als sie Wolle sieht, schnaubt sie nur. »Geh weg, Wolle.«

Aber so schnell lässt Wolle sich jetzt nicht abschütteln. Er macht einen Schritt auf seine Freundin zu und bleibt vor ihr stehen. Die Eicheln, die Nuss, die Bucheckern und die Pusteblume in seiner Pfote hält er ganz fest. »Es tut mir so leid, Goldie. Ich hab das Wichtigste zerstört, was du hattest. Das wollte ich doch gar nicht.« Er holt tief Luft. »Ich möchte, dass du meine Freundin bleibst.«

Goldie hebt den Kopf und guckt Wolle aus ihren großen braunen Augen überrascht an.

Der kleine Wolf öffnet die Pfote. »Die habe ich für dich gesammelt.«

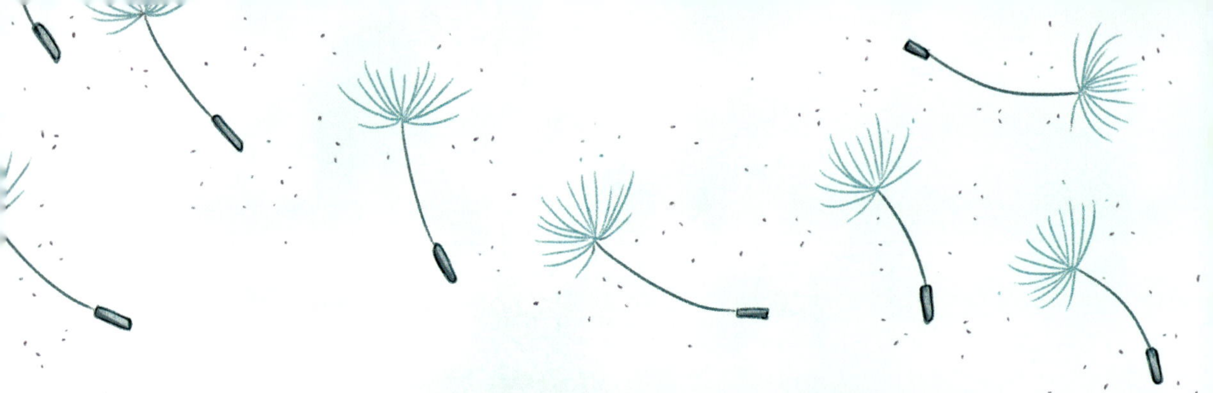

»Und was soll ich damit?«, fragt Goldie. »Ich mag keine Eicheln. Und Bucheckern schon gar nicht.«

»Du sollst sie ja nicht essen«, erklärt Wolle. »Du kannst sie eingraben. Und dann wächst daraus ein bunter kleiner Garten. Ich helfe dir dabei. Und ich werde nichts mehr kaputt machen.« Er reicht Goldie die Pusteblume.

Kräftig pusten die beiden dagegen und die kleinen Samen mit den weißen Segeln wirbeln durch die Luft.

Wolle sieht Goldie gespannt an. »Und was sagst du nun? Wollen wir einen Garten zusammen anlegen?«

Goldie nickt. »Na gut. Ich vermisse meine Rose zwar, aber die Idee ist trotzdem sehr schön.«

»Du nimmst meine Entschuldigung also an?«, freut sich Wolle.

»Ja«, sagt das kleine Reh und lächelt.

»Wuuhuuuu«, heult Wolle und stupst Goldie freudig an.

»Au!«, ruft das Reh.

»Oh nein, hab ich dir wehgetan?«, fragt Wolle.

Goldie schüttelt den Kopf. »Nein, alles gut.«

»Ich verspreche, dass ich besser aufpasse«, sagt Wolle. »Auf die Pflanzen und auf dich.«

Die beiden Freunde lachen und fangen an, die Eicheln mit den Pfoten in den Waldboden einzugraben.

Raschelnde Kunst

»Hurra!«, ruft das kleine Eichhörnchen Elli, als es sich von der großen alten Linde in die Äste einer Buche schwingt. Elli ist heute voller Energie. Die Haselnusskringel, die ihr Vater zum Frühstück gemacht hat, haben richtig gut geschmeckt. Gleich ist Elli mit ihrem Freund Enno Eichhörnchen verabredet, sie wollen einen Wettlauf durch die Baumkronen des Waldes machen. Elli liebt es, wie die Blätter rascheln, wenn sie ganz flink über die Äste und Zweige flitzen. Sie nimmt Anlauf und springt von Ast zu Ast. Da kommt Enno angefegt. »Hallo, Elli!«, ruft er. »Heute bin ich in Topform!«

»Ich auch!«, verkündet Elli gut gelaunt. »Guck mal, ich habe schon geübt.« Wie ein kleiner Blitz rast sie über den dicken Ast in Richtung der knorrigen Linde, in der Eule Anni mit halb geschlossenen Augen sitzt. Mutig macht Elli einen großen Satz. Doch sie landet nicht wie geplant auf dem Ast, sondern stößt mit voller Wucht

gegen Anni, die erschrocken die Augen aufreißt und beinahe herunterfällt. Im letzten Moment breitet sie ihre Flügel aus, um das Gleichgewicht zu halten. Auch Elli kann sich gerade noch festklammern.

»Habt ihr euch verletzt?«, fragt Enno außer Atem.

Anni schüttelt den Kopf. »Ich habe mich nur sehr erschreckt.«

Elli ist ein bisschen schwindelig. Sie muss sich an Anni und Enno festhalten. Mit der andere Pfote streicht sie über ihre Stirn. »Mein Kopf tut etwas weh«, berichtet sie. »Und meine Pfote auch.«

»Komm, ich bringe dich nach Hause«, entscheidet Enno.

»Ich will aber nicht nach Hause«, mault Elli. »Wir wollten doch spielen.« Sie versucht, sich an Enno vorbeizuschlängeln, aber sie kann ihre Pfote vor Schmerz nicht aufsetzen und fällt wieder beinahe vom Ast.

»Am besten gehst du mal auf den Boden«, überlegt Enno. »Damit du nicht vom Baum fällst. Ich helfe dir. Und dann müssen wir deinen Eltern Bescheid sagen.«

»Ich fliege schnell zu ihnen«, verkündet Eule Anni. Sie spreizt die Flügel und flattert los.

Enno schnappt sich Ellis Arm und legt ihn sich um die Schultern. Es ist gar nicht so leicht, mit einer verletzten Pfote einen Baumstamm herunterzulaufen, aber mit der Hilfe ihres Freundes gelingt es Elli schließlich. Als sie den Boden erreicht haben, kommt auch Papa Eichhörnchen gerade mit der kleinen Eule bei der knorrigen Linde an. »Alles gut, mein Schatz?«, fragt er und nimmt Elli in den Arm.

Sie schluchzt auf. »Meine Pfote tut weh.«

»Dann musst du dich heute mal ausruhen«, sagt Papa und begutachtet behutsam die kleine Pfote.

Elli sieht, wie Enno den Baumstamm schon wieder nach oben läuft. Sie möchte so gern mit ihm spielen. »Ist gar nicht schlimm«, behauptet sie schnell und will auch schon wieder loslaufen.

»Warte mal, Elli. Ich bin noch nicht fertig«, sagt Papa. Er biegt ihre Pfote nach hinten.

»Aua!« Erschrocken zuckt Elli zusammen und zieht die Pfote weg.

»Du musst die Pfote schonen«, sagt Papa Eichhörnchen eindringlich. »Und mal auf dem Boden bleiben.«

Elli lässt den Kopf hängen. »Und was soll ich bitte schön dann machen? Eichhörnchen klettern immer auf Bäumen rum.«

»Du kannst mir zugucken und mich anfeuern!«, ruft Enno von oben.

Elli verschränkt die Pfoten vor der Brust. »Nö, das will ich nicht!«

Anni flattert nachdenklich von ihrem Ast herunter. »Es muss doch auch andere Dinge geben, die Spaß machen.«

Papa Eichhörnchen nickt. »Ich bin sicher, ihr findet etwas. Enno, kannst du Elli nach Hause bringen, wenn sie zu starke Schmerzen hat?«

Enno kommt den Baumstamm wieder heruntergeflitzt. »Klar.«

»Was machen denn die Tiere immer so, die nur auf dem Waldboden sind und nicht fliegen oder klettern können?«, überlegt die kleine Eule, während sie über das raschelnde Laub läuft. Nachdenklich schnappt sie sich ein paar Blätter und legt sie in einen Kreis.

»Keine Ahnung!« Elli zuckt mit den Schultern und beobachtet Anni eine Weile. »Das sieht aber schön aus.« Sie fängt nun auch an, Blätter zu sammeln. »Hier, die zackigen Ahornblätter können wir darumlegen.«

»Jetzt noch Kastanien in die Mitte, dann wird es eine Blätterblume!«, ruft Enno und rennt zu dem Kastanienbaum.

Elli ist gar nicht mehr traurig. Sie hat große Freude daran, mit ihren Freunden auf dem Boden zu spielen. Die Blätter und Kastanien ergeben ein wunderschönes Blumenmuster auf dem Waldboden. Und an ihre Pfote denkt sie gar nicht mehr.

Als Papa Eichhörnchen sie später abholt, ist er begeistert. »Das ist ja ein echtes Kunstwerk!«, staunt er.

»Stimmt«, sagt Elli und betrachtet es stolz. »Enno, Anni, wenn meine Pfote morgen auch noch wehtut, wollen wir dann weiter daran arbeiten?«

»Ja, sehr gerne«, sagt Enno.

»Au ja!«, ruft Anni.

Elli denkt kurz nach. »Ich würde auch gern weitermachen, wenn die Pfote nicht mehr wehtut.«

»Es freut mich, dass du nicht mehr traurig bist«, sagt Papa Eichhörnchen. »Etwas zu basteln, bringt einen auf andere Gedanken.«

Elli nickt und humpelt los. Morgen wird ein schöner Tag. Egal, ob die Pfote noch wehtut oder nicht.

Kuscheln und Kuchen

»Mama, ich bin heute Nachmittag mit Foxi und Tini im Wald unterwegs«, verkündet Mika, der Fuchs.

»Alles klar«, ruft Mama Fuchs, die gerade Heidelbeeren wäscht. »Nachher gibt es Kuchen, du kannst deine Freunde gern mitbringen.«

»Vielleicht sind wir erst zurück, wenn es dunkel wird«, überlegt Mika.

Seine kleine Schwester Fine, die vor dem Fuchsbau mit einem Ball gekickt hat, guckt zur Tür herein. »Mika, darf ich mitkommen?«

»Das ist nichts für kleine Schwestern«, sagt Mika und schnappt sich eine Pfote voll Heidelbeeren.

»Bitte!«, fleht Fine und sieht ihre Mama mit ihren großen honiggelben Fuchsaugen an. »Darf ich mit?«

»Wenn Mika auf dich aufpasst, erlaube ich es dir«, sagt Mama Fuchs.

Mika schüttelt den Kopf. »Ich will mit meinen Freunden allein sein und keine nervige kleine Schwester mitnehmen.«

Fine verschränkt die Arme vor der Brust. »Ich bin nicht klein und auch nicht nervig.«

»Du bekommst bestimmt wieder Angst«, sagt Mika.

»Hey, Mika, bist du startklar?« Tini Fuchs steckt ihre Schnauze in den Bau. Hinter ihr ist Foxi Fuchs zu sehen.

Fine findet die Freunde ihres großen Bruders toll. »Nehmt ihr mich mit?«, fragt sie Tini.

Tini zuckt die Schultern. »Ja klar, wenn deine Mama es erlaubt.«

»Ja, ich darf«, sagt Fine und sieht ihren Bruder grinsend an.

»Wehe, du nervst«, raunt Mika und läuft los.

»Viel Spaß, Kinder!«, ruft Mama Fuchs. »Mika, pass auf Finchen auf.«

»Ja«, brummelt Mika und verdreht die Augen.

Fine marschiert hinter ihm und seinen Freunden her. Die drei legen ein ganz schönes Tempo vor. »Wartet doch mal!«

Mika dreht sich zu Fine um. »Ich hab dir gesagt, dass wir allein sein wollen.«

»Ach, sei doch nicht so«, beschwichtigt Tini. Sie wartet auf Fine und auch Foxi läuft nun langsamer.

»Was machen wir denn eigentlich?«, möchte Fine wissen.

»Wir gucken uns die Höhlen bei den Hügeln genauer an«, berichtet Foxi aufgeregt.

»Wir gehen da rein?«, fragt das kleine Fuchsmädchen.

Mika rollt wieder mit den Augen. »Von außen sieht man ja nichts.«

Fine hat sich den Ausflug mit den großen Füchsen anders vorgestellt. »Warum gehen wir nicht zum Waldsee und schwimmen eine Runde?«

»Weil das langweilig ist«, erklärt Mika. »Wir wollen zu den Höhlen.«

»Aber die Höhlen sind dunkel und kalt. Vielleicht lauert da ein Monster?«, überlegt Fine. Ihr Herz beginnt zu rasen. Vielleicht hätte sie doch lieber zu Hause bleiben sollen? Wie angewurzelt bleibt sie stehen und sieht sich um. Weil sie schon eine Weile gelaufen sind, sind sie nun ziemlich tief im Wald. Hier scheint nicht mehr viel Sonnenlicht durch die dicht bewachsenen Baumkronen. Der Boden ist moosig. So weit war Fine ohne ihre Mama noch nie vom Fuchsbau entfernt. Plötzlich hat sie Heimweh. Und ein bisschen Angst. Fine bleibt stehen. »Ich will nach Hause«, piepst

sie, aber die anderen hören sie noch nicht mal, sondern lachen über irgendeinen Witz, den ihr großer Bruder gemacht hat. »Ich komme nicht mit!«, sagt Fine laut und läuft los.

»Hey, Fine!«, sagt Tini. »Wo willst du denn hin?«

»Ach, lass sie!«, motzt Mika.

»Du solltest doch auf sie aufpassen, Mika«, entgegnet Foxi und ruft: »Bleib mal stehen, Fine!«

Fine hält an und dreht sich um.

»Möchtest du nach Hause?«, fragt Foxi.

»Ja«, gibt Fine zu. »Ich habe Angst vor den Höhlen.«

»Dann bringe ich dich schnell.« Foxi nimmt Fines Pfote und wirft Mika einen vorwurfsvollen Blick zu.

Gemeinsam machen sie sich auf den Weg. Als sie aus dem tiefen Wald herauskommen, bleibt Fine stehen. »Danke, den Rest schaffe ich allein.«

Foxi umarmt Fine und verschwindet wieder im Unterholz. Den Rest des Weges rennt Fine, so schnell sie ihre Pfoten tragen, zum Fuchsbau. Mama Fuchs holt gerade den Heidelbeerkuchen aus dem Ofen. »Was ist denn passiert?«, fragt Mama lieb.

»Es war furchtbar«, berichtet Fine außer Atem.

»Ich habe eine Idee, Fine«, sagt Mama. »Wir kuscheln uns jetzt zusammen auf das Sofa und essen Kuchen.«

Mit einer flauschigen Decke und zwei Tellern Kuchen machen die beiden es sich gemütlich. Mama legt den Arm um Fine. »Möchtest du mir erzählen, was los war?«

Fines Augen füllen sich mit Tränen. »Die sind viel zu schnell gelaufen und keiner hat mit mir geredet.«

Mama reicht ihrer kleinen Füchsin ein Taschentuch. »Wo wart ihr denn?«

»Sie wollten zu den Höhlen.« Fine schnaubt sich die Schnauze und schüttelt den Kopf. »Das finde ich viel zu unheimlich. Und was *ich* machen wollte, hat niemanden interessiert.« Fine knüllt das Taschentuch zusammen und wirft es in den Müll.

»Ich verstehe, dass du enttäuscht bist«, sagt Mama. »Aber Mika will eben auch mal mit seinen Freunden allein Dinge erleben. Genau wie du.«

Fine nimmt den Kuchen und probiert. »Mmmh, Mama, der schmeckt gut.«

Mama Fuchs lächelt. »Das freut mich sehr. Was hättest du denn gern mit Mika und seinen Freunden gemacht?«, erkundigt sie sich.

»Ich wollte zum See und schwimmen.« Fine steckt sich ein weiteres Stück Kuchen in den Mund.

»Wollen wir beide später zusammen schwimmen gehen?«, schlägt Mama vor.

»Au ja, aber vorher würde ich gern noch mehr Kuchen essen«, sagt Fine und lacht.

»Geht klar, mein kleiner Schatz.« Mama gibt Fine einen Kuss, dann lädt sie ein weiteres Stück auf den Teller.

Fine kuschelt sich zufrieden an ihre Mama und freut sich, dass sie den Kuchen heute ganz allein und ohne ihren hungrigen Bruder essen kann.

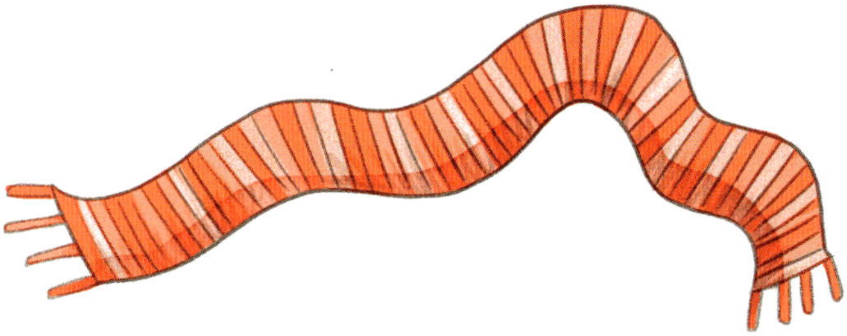

Rollentausch

»Guck mal, Hanna«, sagt das kleine Murmeltier Matilda zu ihrer Freundin Hanna Hase. »Ich habe ein riesiges Löwenzahnblatt gefunden.« Sie zupft das Blatt aus dem Boden und hält es hoch.

»Das ist ja größer als wir«, stellt Hanna fest. »Und es sieht so saftig aus.«

»Wir teilen es uns«, entscheidet Matilda.

»Au ja!«, ruft Hanna.

Die beiden Freundinnen fangen an, an dem Löwenzahnblatt zu knabbern. Matilda von der einen Seite und Hanna von der anderen. Als sich ihre Schnauzen in der Mitte treffen, müssen sie lachen. Das macht solchen Spaß, dass sie das nächste Blatt ausrupfen und weitermümmeln. Und dann noch eins. Nach einer Weile hört Hanna auf zu kauen. »Jetzt bin ich satt.«

»Ich auch.« Matilda reibt sich über ihren Bauch.

Plötzlich springt Matilda erschrocken auf. »Oh nein, wie spät ist es?«

Hanna blinzelt in den Himmel. »Die Sonne geht bald unter.«

»Mist!« Matilda umarmt Hanna hastig. »Ich sollte schon längst zu Hause sein. Und mein Vater wollte Karottenauflauf machen von den Karotten, die meine Oma angebaut hat.«

»Oh«, sagt Hanna. »Normalerweise würde ich dich fragen, ob ich mitkommen darf, aber ich bin viel zu satt und hoppele lieber nach Hause.«

Die beiden Freundinnen verabschieden sich und Matilda läuft los. Von der Lichtung bis zur Wohnung von Familie Murmeltier ist es ein ganzes Stück. Matilda beeilt sich und überlegt, wie sie ihren Eltern erklären soll, dass sie so spät kommt. Als sie durch die Tür schlüpft, sitzen Mama und Papa mit Oma Murmeltier am Tisch. Ihre Teller sind leer und im Ofen steht der Auflauf. Matilda schnuppert. Es riecht gut, aber sie hat gar keinen Hunger. Das kleine Murmeltier räuspert sich. »Es tut mir leid, dass ich zu spät bin«, sagt sie.

»Matilda, endlich bist du da!«, ruft Mama.

»Hanna und ich haben die Zeit vergessen.« Matilda wickelt ihren Schal ab und nimmt sich ein Glas Holunderblütensaft.

»Wir haben uns Sorgen gemacht«, sagt Papa.

»Aber mir ist doch nichts passiert.« Matilda trinkt den Saft in einem Zug aus.

»Ja, zum Glück.« Oma nimmt das kleine Murmeltier in den Arm.

»Trotzdem«, sagt Mama ernst. »Wir müssen uns auf dich verlassen können.«

Papa Murmeltier klappt den Ofen auf und stellt den Auflauf auf den Tisch.

Mama verteilt das Essen auf die Teller. Als sie Matilda einen reichen will, schüttelt das Murmeltiermädchen den Kopf. »Ich habe keinen Hunger mehr, danke.«

»Warum denn das?« Mama zieht die Stirn kraus. »Den isst du doch sonst so gern.«

»Hanna und ich haben so viel Löwenzahn genascht«, gibt Matilda zu. »Ich bin satt.«

»Schade, wir haben den Auflauf extra für dich gemacht«, erklärt Papa. »Weil du ihn so magst.«

In Mathildas Augen sammeln sich Tränen. »Es tut mir leid.«

»Passt auf«, ordnet Oma an. »Matilda und Papa, ihr tauscht mal die Plätze.«

Zögerlich steht Matilda auf und Papa setzt sich auf ihren Stuhl.

»Gut«, sagt Oma. »Jetzt ziehst du Papas Mütze an.« Sie wendet sich an Matildas Vater. »Und du bindest dir Matildas Schal um.«

»Was soll das denn werden?«, fragt Mama Murmeltier.

»Ganz einfach«, erklärt Oma. »Matilda ist jetzt Papa. Sie hat den Auflauf gemacht und auf Matilda gewartet.« Oma dreht sich zu Papa. »Und du bist nun Matilda.«

»Alles klar«, sagt Papa. Er nimmt die Mütze ab und gibt sie Matilda. Die gibt Papa ihren Schal, den er sich umwickelt. »Ich gehe jetzt mit Hanna spielen«, sagt Papa. »Und zum Essen bin ich pünktlich wieder da.« Er verschwindet aus der Haustür.

Matilda kratzt sich mit der Pfote am Kopf. »Und was passiert jetzt?«

Oma setzt sich an den Tisch. »Ich bin auch gespannt.«

Nach einer Weile wird Matilda unruhig. Sie wartet, aber nichts passiert. »Wo ist Papa denn hingegangen?«

»Nicht Papa«, korrigiert Oma. »Wo ist Matilda hingegangen?«

Matilda wird immer ungeduldiger, wie lange soll sie denn noch warten?

Doch da kommt Papa rein. Er entschuldigt sich sofort, dass er zu spät ist, und ergänzt: »Es war so schön mit Hanna, wir haben Löwenzahn gemümmelt.«

»Und wir haben auf dich gewartet«, mault Matilda als Papa drauflos. »Und uns Sorgen gemacht. Außerdem ist der Auflauf im Ofen und wir sind hungrig.«

»Ich habe einfach die Zeit vergessen«, entgegnet Papa als Matilda. »Es war so schön mit Hanna.«

»Kannst du dann bitte nächstes Mal pünktlich sein?«, fragt Matilda. Sie ist schon gar nicht mehr sauer und sie will es ihrem Papa nicht so schwer machen.

Papa, als Matilda, nickt. »Versprochen«, sagt er und nimmt das kleine Murmeltier in den Arm. »Ich bin jetzt wieder Papa, und ich verstehe, dass du nicht absichtlich zu spät warst.«

Matilda drückt ihren Papa. »Und ich verstehe, dass ihr euch Sorgen gemacht habt.«

Mama Murmeltier streichelt Matildas Pfote. »Ich bin froh, dass das jetzt geklärt ist.«

Matilda richtet sich auf. »Gut, dann essen wir jetzt den Auflauf«, sagt sie mit verstellter Stimme. »Ich habe ihn extra für euch gemacht.«

Mama muss lachen. »Jetzt haben wir zwei Papas.« Sie dreht sich zu Matilda. »Kannst du uns ins Bett bringen und etwas vorlesen, Papa?«

Schnell nimmt Matilda die Mütze wieder ab und setzt sie ihrem Vater auf. »Ich bin jetzt wieder Matilda und möchte sehr gern ins Bett gebracht werden.«

Da schnappt Oma sich Matildas Schal und wickelt ihn um. »Und wer bringt mich ins Bett und liest mir was vor?«, fragt sie.

Da müssen alle lachen. Matilda ist froh, dass sie sich mit ihren Eltern wieder vertragen hat. Und nach einer kleinen Gabel Karottenauflauf kuschelt sie sich müde in ihr Bett.

Ein lustiger Badetag

Sara, die kleine Schildkröte, knabbert gelangweilt an einem Salatblatt herum. Heute ist sie schon mehrfach durch den Garten gekrochen, hat Salat gefressen, etwas getrunken, die Bienen beobachtet und sonst ist einfach nichts passiert. Sara sieht zu ihren Eltern, die sich reglos die Sonne auf den Panzer scheinen lassen.

Sie seufzt. Mit denen kann man nichts anfangen! »Was mach ich denn bloß?«, stöhnt sie vor sich hin.

»Geh doch schwimmen«, krächzt da eine Stimme von oben. Sara hebt den Kopf. Im Baum sitzt Rabe Rolf.

»Schwimmen?«, fragt Sara neugierig.

Rolf flattert zu Sara auf den Boden. »Ja, schwimmen. Es gibt einen See, nicht weit von hier.« Mit dem Schnabel deutet der Rabe in eine Richtung. »Es geht da lang.«

»Da muss ich hin«, ruft Sara. »Kommst du mit?«

»Wenn ich fliege, bin ich schneller, aber wir können uns dort treffen«, schlägt der kleine Rabe vor.

»Abgemacht«, sagt Sara. Sie läuft zu ihren Eltern. »Mama, Papa, ich mache einen Ausflug zum Badesee.«

Papa Schildkröte schüttelt nur den Kopf. »Ich weiß nichts von einem See hier in der Nähe. Er ist sicher zu weit weg.«

»Und der Weg ist zu gefährlich«, ergänzt Mama Schildkröte.

»Du kriechst so langsam, dass du bestimmt erst bei Einbruch der Dunkelheit zurück bist«, sagt Papa Schildkröte.

»Na und?«, entgegnet Sara. »Ich beeile mich.«

Papa schüttelt den Kopf. »Nein, das geht nicht.«

Sara stampft mit dem Vorderbein auf. »Mir ist aber langweilig. Ich will was erleben!«

»Wir waren doch gestern zusammen im Wald unterwegs«, stöhnt Mama. »Heute machen wir Pause und du kannst dich zu Hause beschäftigen.«

»Das finde ich aber langweilig!« Sara sieht sich um. »Ich kenne jede Ecke im Garten und hab schon alles gespielt, was ich hier spielen kann.«

»Dann überleg dir was Neues«, murmelt Mama und schließt die Augen.

»Ihr seid gemein!« Sara trampelt mit den Beinen, aber ihre Eltern beachten sie nicht mehr.

Rabe Rolf sieht die Schildkröte nachdenklich an. »Wollen wir zusammen spielen?«

»Was denn? Willst du schon wieder meinen Panzer bemalen?« Sara schüttelt den Kopf. »Ich möchte baden! Am See. Und zu einer Insel schwimmen!«

»Aber du hast ja gehört, dass das heute nicht geht«, wendet Rolf ein. »Wir könnten doch Salatblatt-Wettessen spielen«, schlägt er vor. »Da wirst du bestimmt gewinnen.«

»Keine Lust«, mault Sara.

»Na gut, dann bis später!«, krächzt der kleine Rabe und flattert davon.

Missmutig läuft Sara ans andere Ende des Gartens und zieht den Kopf ein. »Gemein«, murmelt sie vor sich hin. Sie ist so sauer auf ihre Eltern. Jetzt muss sie sich wieder den ganzen Tag langweilen.

Saras Laune wird immer schlechter, als plötzlich jemand auf ihren Panzer klopft. »Hallo, Sara!«, hört sie die Stimme von Bruno, dem Hund. »Rolf hat mir erzählt, dass dir langweilig ist«, bellt er. »Dagegen wollte ich mal etwas unternehmen.«

Vorsichtig streckt Sara den Kopf unter dem Panzer hervor.

Bruno wedelt aufgeregt mit dem Schwanz. »Komm mit!« Der kleine Hund läuft vorweg, Sara kriecht gespannt hinterher. Freudig springt Bruno durch den Garten und steuert auf eine Regentonne zu. Am Tonnenrand sitzt der kleine Rabe. »Die ist voll«, kräht er.

»Was habt ihr vor?«, möchte Sara wissen.

»Ahnst du es nicht?«, fragt Bruno. »Wir machen einen eigenen Badesee! Und zwar direkt vor der Haustür!«

»Dann kannst du schwimmen und musst nicht so weit kriechen«, ergänzt Rolf.

Sara merkt, dass sie nun schon gar nicht mehr so traurig und enttäuscht ist. »Und wie machen wir das?«

»Wir graben eine Kuhle und kippen Wasser rein«, erklärt Bruno. Mit den Vorderpfoten fängt er an zu wühlen.

»Ich hole Martha Maulwurf, die ist Waldmeisterin im Graben«, kräht Rolf und flattert los.

Nach einer Weile kommt der Rabe zurück und einen kurzen Moment später streckt Martha Maulwurf ihren Kopf aus einem Maulwurfshügel. Mit ihren großen Händen schaufelt sie sehr viel Erde aus, sodass bald ein richtiges Loch im Boden ist. Bruno öffnet den Hahn der Regentonne. Ein kräftiger Wasserstrahl ergießt sich auf die Erde.

Sara kriecht an den Rand der Pfütze und sieht Rolf, Bruno und Martha glücklich an. »Das ist so toll!« Die kleine Schildkröte lässt sich in das kühle Regenwasser gleiten. Als sie wieder auftaucht, ist auch der kleine Rabe schon im Wasser gelandet und planscht.

Sara strahlt glücklich. »Danke, dass ihr mir den See nach Hause geholt habt.«

Papa und Mama Schildkröte kriechen neugierig näher. »Herrlich!«, ruft Mama Schildkröte. »Darf ich auch baden?«

»Na klar«, ruft Sara.

Mama schwimmt zu ihrer kleinen Schildkröte.

»Man muss das Glück nicht in der Ferne suchen«, sagt Papa und ergänzt: »Manchmal ist es direkt vor der Haustür in einer selbst gemachten Badewanne zu finden.«

Stärken und Schwächen

»Ma-hax! Ma-hax«, hört Igel Max seine Freundin Ida rufen. Die kleine Maus steht im Tor und feuert ihren Freund an. Mit dem Fußball läuft Max auf das gegnerische Tor zu und macht dabei eine Kurve um Doro Dachs, die erfolglos versucht, ihm den Ball abzunehmen. Der Igel schießt und trifft.

»Tor!«, jubelt Biber Eddi. Stürmisch will Eddi Max umarmen. Aber dann schreckt er zurück. »Du bist zu stachelig.«

»Ich weiß, dass ich stachelig bin«, sagt Max. »Aber wir können uns vorsichtig umarmen.«

Eddi hält die Pfote hin. »Abklatschen ist doch auch gut.«

Max schlägt ein und schon geht das Spiel weiter. Eddi spielt ihm den Ball zu und Max stürmt wieder los. Die Spieler der anderen Mannschaft weichen aus, und es gelingt dem kleinen Igel, noch ein Tor zu schießen. Ida Maus ist so aus dem Häuschen, dass sie Max um den Hals fällt. Dabei piken seine Rückenstacheln an ihren Armen. »Autsch!«

»Genau! Autsch!«, motzt Doro Dachs. Sie spielt im gegnerischen Team.

»Was hast du denn?«, will Eddi wissen.

»Ich finde es sehr ungerecht. Keiner traut sich, Max den Ball abzunehmen, weil er so stachelig ist«, beschwert sich Doro. »Dabei bist du gar nicht der beste Stürmer.«

Max guckt Doro entsetzt an. »Dir passt doch nur nicht, dass ich die Tore schieße und nicht du.«

»Das stimmt gar nicht«, entgegnet Doro. »Aber so macht das keinen Spaß.«

»Max, du könntest doch mal ins Tor«, schlägt Ida Maus vor. »Und ich bin Stürmerin.«

Max schüttelt den Kopf. »Da bin ich aber nicht gut.«

»Egal«, sagt Doro entschieden. »Wer ist noch dafür?«

Alle Spieler heben ihre Pfoten, bis auf Max. »Ich habe Stacheln, das wisst ihr?«

»Ja, na und!«, ruft Doro.

Max zuckt mit den Schultern. »Meinetwegen.«

Er und Ida klatschen sich ab und Max wechselt ins Tor. Ida stürmt los, dieses Mal feuert Max sie an. Doro stellt sich der kleinen Maus in den Weg und nimmt ihr geschickt den Ball ab. Der kleine Dachs läuft zum Tor und schießt. Max will den Ball halten, aber dann duckt er sich weg. Der Ball landet im Tor.

Doro jubelt.

Auch die nächsten Schüsse kann Max nicht halten. Seine Angst, dass die Stacheln den Ball kaputt machen könnten, ist zu groß. »Ich will wieder tauschen!«, ruft er.

»Dann spiele ich nicht mehr mit«, sagt Doro entschieden.

Auch die anderen Tiere aus Doros Team nicken.

»Max, alle haben Angst, sich an deinen Stacheln zu piken«, sagt Waschbär Willi.

»Ihr seid ungerecht.« Max ist enttäuscht und traurig. Er nimmt sich vor, trotz seiner Stacheln keinen Ball mehr durchzulassen. Konzentriert beobachtet er, wie Willi mit dem Ball angelaufen kommt und schießt. Max macht einen großen Sprung Richtung Ball. Er bekommt ihn zwar nicht mit den Pfoten zu greifen, aber der Ball prallt an seinen Kopf. Und PUFF! Max sieht erschrocken nach oben. Ein Stachel hat sich in den Ball gebohrt und nun macht es auch noch ZISCH. Langsam entweicht die Luft aus dem Ball. Entsetzt kommen die anderen Spieler näher. Der Ball ist nun nur noch eine Hülle. Es ist keine Luft mehr darin. Max lässt den Kopf hängen. »Das tut mir leid.«

»Das hast du bestimmt extra gemacht«, wütet Doro.

Max zieht die schlappe Ballhülle von dem Stachel ab und wirft sie Doro vor die Pfoten. »So ein Quatsch!«, wütet er. »Erst sagst du, dass ich zu viele Tore schieße, und jetzt, dass ich den Ball kaputt mache. Das ist echt gemein.«

Ida Maus will Max tröstend ihre Pfote auf die Schulter legen und schreckt zurück. »Deine Stacheln sind heute aber auch besonders spitz.«

»Das stimmt gar nicht! Ihr seid nur alle besonders fies!«, ruft Max.

»Nur weil Max Stacheln hat, soll er aber nicht der Verlierer sein«, piepst die kleine Spitzmaus Manni, die bis jetzt stumm zugesehen hat.

Ida nickt. »Das finde ich auch.«

»Wir haben doch sowieso keinen Ball mehr«, meckert Doro. »Also ist das Spiel vorbei.«

Max schüttelt den Kopf. »Willst du mir daran jetzt auch noch die Schuld geben?«

Doro verschränkt die Arme. »Haben deine Stacheln den Ball kaputt gemacht oder meine?«

»Pfff!« Max wirft Doro einen wütenden Blick zu und will gehen. Da hält Manni ihn fest. »Komm, wir flicken den Ball, und dann überlegen wir uns, an welcher Position du spielen kannst.«

Während Manni nun ganz viel Gras und Heu sammelt und es vorsichtig in das kleine Loch im Ball stopft, sitzt Max traurig am Waldrand. »Das ist alles so unfair!«, beschwert er sich. Seine Freundin Ida Maus nickt. »Wir bräuchten jemanden, der aufpasst, dass es fair zugeht.«

Manni, der gerade den Ball testet, schaut auf. »Max, ich hab eine Idee: Du kannst doch heute Schiedsrichter sein und aufpassen, dass alle fair miteinander umgehen.«

Max denkt nach. »Ich kann es ja mal probieren.«

Zusammen laufen sie zum Spielfeld. Die anderen Tiere sind mit Mannis Idee einverstanden.

Das Spiel geht los. Ida steht wieder im Tor und Doro rennt auf sie zu. Der kleine Dachs läuft an Willi und Eddi vorbei und schießt ein Tor.

»Ey, du hast mich mit deinem Ellenbogen weggeschoben«, beschwert sich Eddi.

Max hat alles beobachtet. »Doro hat nichts falsch gemacht«, sagt er. »Sie hat dich nur gestreift, und das war nicht absichtlich. Ich habe es genau gesehen.«

Doro lächelt Max an. »Danke.«

»Gern«, sagt Max. Er kratzt sich mit der Pfote am Kopf. »Du warst so unfreundlich zu mir. Ich habe euch nie absichtlich gepikt, und berühren soll man sich ja sowieso nicht.«

»Tut mir leid, ich war nicht fair.« Der kleine Dachs kommt auf Max zugelaufen und umarmt ihn. »Du hast nichts falsch gemacht. Und du bleibst immer fair, das gefällt mir.«

Erleichtert klatschen sich die beiden ab.

Max zwinkert der kleinen Maus Manni zu. »Deine Idee war super. Ich bin gern Schiedsrichter«, sagt er und konzentriert sich dann wieder voll auf das Spiel.

Sahnetorte statt Schokoladenkuchen

Das kleine Alpaka Luzie trägt eine selbst gebastelte Krone mit einer verschnörkelten Fünf auf dem Kopf. Um den Hals baumelt ein Einkaufsnetz. Darin sind Zutaten für einen Geburtstagskuchen. Kater Pfötchen feiert heute seinen 5. Geburtstag. Luzie hat sich mit Schaf Susi, Biber Eddi, Ida Maus, Igel Max und Eichhörnchen Elli auf dem Bauernhof verabredet. Die Freunde haben einige Überraschungen für Pfötchen geplant. Zunächst wollen sie einen Geburtstagskuchen backen.

Luzie möchte eine Sahnetorte machen, Eddi lieber Schokoladenkuchen. »Ich weiß, dass Pfötchen sich den gewünscht hat«, berichtet der Biber.

Luzie schüttelt den Kopf. »Das wäre dann aber keine Überraschung.«

Sie hat bereits angefangen, die Sahne zu schlagen.

Eddi und Susi sehen sich augenrollend an.

Als der Kuchen fertig ist, will Susi die Geschenke einpacken.

»Aber wenn Pfötchen kommt, muss doch alles festlich geschmückt sein«, wendet Luzie ein. »Los, helft mir mal«, fordert sie die anderen auf.

»Keine Lust«, brummt Eddi.

Susi schüttelt den Kopf. »Ich auch nicht.«

»Ihr seid Spielverderber«, ärgert sich Luzie und läuft mit der Girlande um den Hals über die Wiese zum Apfelbaum. Darunter haben Ida Maus und Igel Max bereits eine Decke ausgebreitet und das Picknick aufgebaut. Eichhörnchen Elli hat Nüsse besorgt und legt sie zu den anderen Leckereien. Ida Maus schnappt sich eine Nuss und beginnt zu naschen.

»Hey, Ida«, ruft Luzie. »Häng mal die Girlande auf.«

»Wie denn?«, piepst die Maus. »Ich kann doch gar nicht klettern.«

»Lass dir was einfallen«, meint Luzie. »Susi kann dir helfen.«

»Nein. Ich packe das Geschenk ein«, meckert Susi.

»Ich mache es.« Eichhörnchen Elli schnappt sich ein Ende der Girlande und klettert am Baumstamm hinauf. Während sie die

Girlande über die Äste verteilt, packen Susi und Eddi das Geschenk ein. Es ist ein Drachen. »Wenn der Wind so stark bleibt, können wir ihn gleich steigen lassen«, freut sich Eddi.

»Wir feiern aber doch Geburtstag«, sagt Luzie, »da lässt man keinen Drachen steigen.«

Und da kommt auch schon das Geburtstagskind.

»Zum Geburtstag viel Glück«, stimmt Susi an, aber Luzie unterbricht sie und singt einfach ein anderes Lied: »Hoch sollst du leben, hoch sollst du leben, dreimal hoch!«

Die Tiere sehen sich überrascht an.

»Zum Geburtstag viel Glück«, singt Eddi nun umso lauter gegen Luzie an.

»Danke«, sagt Pfötchen verwundert, »ein Lied hätte gereicht.«

»Finde ich auch«, bestätigt Susi und guckt Luzie vorwurfsvoll an.

Luzie zuckt zusammen, dabei fällt die Geburtstagskrone herunter, die sie noch auf dem Kopf hatte.

Elli schnappt sie sich und setzt sie Pfötchen auf.

Luzie überreicht die Torte.

»Gibt es keinen Schokokuchen?«, fragt Pfötchen enttäuscht. »Sahnetorte mag ich nicht.«

»Du musst sie erst mal probieren«, protestiert Luzie.

»Das Geburtstagskind muss gar nichts!« Eddi dreht sich von Luzie weg. Auch die anderen haben ihr den Rücken zugekehrt.

»Warum seid ihr so gemein?«, fragt das Alpaka.

»Wir sind nicht gemein, du willst nur immer alles bestimmen«, meckert Susi.

Pfötchen nimmt das Geschenk von Susi und Eddi entgegen und packt es aus. »Toll! Ein Drachen! Danke! Den will ich gleich steigen lassen!«

»Ich finde, wir sollten zuerst Sackhüpfen spielen.« Luzie holt Hüpfsäcke aus ihrem Netz. »Da kann wenigstens jeder mitmachen.«

»Du lässt doch sowieso niemanden machen, worauf er Lust hat«, meckert Susi.

»Langsam nervt es echt, dass du immer alles bestimmen willst«, knurrt Eddi.

»Irgendwie habe ich auch gar keine Lust, mit dir zu spielen, Luzie«, piepst Ida Maus.

Die anderen Tiere nicken.

Luzie weiß nicht, was sie sagen soll. Warum sind alle so fies und wollen nicht mit ihr spielen? Enttäuscht setzt sie sich auf die Picknickdecke. Dann haben die anderen eben Pech gehabt! Sie wird keine Vorschläge mehr machen. »Ich hab auch keine Lust mehr auf euch!«, ruft sie. Aber niemand beachtet sie.

Pfötchen greift den Drachen und hält ihn in die Luft.

»So geht das nicht«, murmelt Luzie, und: »Vorsicht, der Baum!« Aber keiner hört hin. Luzie wird immer wütender. Sie sieht, wie der Drachen kurz nach oben flattert und dann von einer Windböe erfasst wird. Und schwupps, bleibt er weit oben in den Zweigen des Apfelbaums hängen.

»So ein Mist!«, ruft Pfötchen traurig. Er ruckelt an der Schnur, aber der Drachen hat sich in den Ästen verfangen.

»Ist doch kein Problem.« Elli klettert in Windeseile den Baumstamm hoch. Sie zieht und zerrt und ruft nach einer Weile: »Er hängt fest.«

»Tja, das war es dann wohl mit dem Drachen«, raunt Luzie.

»Ich helfe dir!«, miaut Pfötchen. Er nimmt die Geburtstagskrone ab und gibt sie dem kleinen Schaf. »Bitte gut drauf aufpassen.«

Luzie dreht sich weg. Sollen die anderen doch ihre Probleme allein lösen.

Nach einer Weile hört Luzie die Tiere jubeln. Pfötchen und Elli haben den Drachen aus den Ästen befreit.

Flink klettert das Eichhörnchen wieder den Baumstamm herunter. »Pfötchen! Wo bleibst du denn?«, ruft Elli, als sie wieder unten ist. Pfötchen sitzt in einer Astgabel und krallt sich fest. »Ich trau mich nicht mehr runter.«

Die Tiere stehen ratlos unten am Baumstamm.

»Wie soll er denn da jetzt wieder runterkommen?«, überlegt Susi.

»Euch fällt bestimmt was ein«, mault Luzie. »Meine Ideen will hier sowieso niemand hören.«

»Du weißt ja auch immer nur alles besser«, motzt Eddi.

»Na und? Was ist denn daran so schlimm?«, fragt Luzie. »Manchmal weiß ich eben mehr als ihr.«

»Das heißt aber nicht, dass du deshalb auch alles bestimmen musst«, schnaubt Eddi wütend. »Und überhaupt? Was ist denn mit dir los?«

»Ja, du bist doch sonst nicht so«, sagt das kleine Schaf.

Luzie steht auf. »Ich geh jetzt nach Hause.«

»Warte bitte«, ruft Pfötchen von oben. Der Ast, an dem er sich festkrallt, schwingt gefährlich im Wind hin und her. »Kannst du mir helfen? Bitte!«

Luzie ist wütend und enttäuscht, weil keiner mit ihr spielen will. Sie läuft weiter.

»Mich interessieren deine Ideen!«, miaut Pfötchen. »Du bist wahrscheinlich die Einzige, die mir helfen kann.«

Luzie bleibt stehen und überlegt. »Na gut.«

»Danke!«, sagt Pfötchen erleichtert.

»Wir nehmen einen Hüpfsack vom Sackhüpfen und halten ihn von allen Seiten fest«, verkündet Luzie. »Pfötchen, du musst dich dann nur trauen und springen.«

»Schaffst du das?«, ruft Igel Max nach oben.

»Ich glaube schon«, maunzt der kleine Kater.

Die Tiere versammeln sich unter dem Baum und halten die Ränder des Stoffes fest. Er ist nun wie ein Sprungtuch gespannt.

»Und los!«, ruft Luzie.

Pfötchen springt und landet sicher auf dem Sprungtuch.

Von dort macht er einen Satz ins Gras.

»Hurra!«, ruft Susi. »Das war eine sehr gute Idee, Luzie!« Sie will Pfötchen die Krone wieder aufsetzen, aber der Kater nimmt sie in die Pfoten und setzt sie Luzie auf. »Danke, dass du mir geholfen hast. Und jetzt möchte ich die Sahnetorte probieren.«

»Gern«, sagt Luzie. Sie fühlt sich schon etwas besser.

»Ich auch!«, rufen Eddi und Susi wie aus einem Mund.

Über Luzies Gesicht huscht ein Lächeln. »Zum Geburtstag viel Glück«, singt sie und verteilt die Tortenstücke.

»Mmmh.« Der kleine Kater leckt sich mit der Zunge über die Schnauze. »Die Sahnetorte schmeckt viel besser, als ich dachte.«

»Wusste ich es doch«, lacht Luzie und wird sofort wieder ernst. »War das jetzt besserwisserisch?«

»Nein, keine Sorge.« Pfötchen schneidet noch ein Stück ab. »Ich kann übrigens auch gut bestimmen: Iss du bitte auch ein Stück, Luzie.«

»Gerne!« Erleichtert nimmt Luzie das Tortenstück und genießt es. »Ich wollte eigentlich nur, dass es dir an deinem Geburtstag gut geht, Pfötchen«, sagt sie schmatzend. »Tut mir leid, dass ich euch andere herumkommandiert habe.«

»Und uns tut es leid, dass wir dich ausgeschlossen haben«, gibt Susi zu. »Wir waren nur nicht damit einverstanden, dass du alles bestimmen wolltest.«

»Auch Alpakas sind mal nicht so kuschelig«, sagt Luzie.

»Gut, dass wir drüber geredet haben«, sagt Pfötchen. Er streicht sich über den runden Sahnetortenbauch und kuschelt sich neben Luzie. Sie ist sich sicher: Das wird bestimmt doch noch ein schöner Tag.

Kirsten Vogel, geboren 1977, hat lange für Fernsehserien geschrieben und war Producerin der Familienserie »Der Landarzt«, ehe sie nach der Geburt ihres zweiten Sohnes das Schreiben von Kindergeschichten für sich entdeckte. Kirsten Vogel lebt mit ihrer Familie in Berlin.

Laura Bednarski, Jahrgang 1992, studierte Design und Illustration an der Fachhochschule Münster und der HAW Hamburg. Heute lebt und arbeitet sie als freiberufliche Illustratorin im schönen Emsland. Ihre Bilder- und Kinderbücher entstehen meistens bei einem guten Hörbuch und einer Tasse Tee. Wenn sie gerade nicht am Zeichentisch sitzt, buddelt sie vermutlich im Garten oder stört ihren Kater bei seinem Schönheitsschlaf.